30-minute Therapy for Anxiety
everything you need to know in the least amount of time

30分でできる不安のセルフコントロール

Matthew Mckay
マシュー・マッケイ
Troy DuFrene
トロイ・デュフレーヌ
Horikoshi Masaru
堀越勝=訳
Kashimura Masami
樫村正美=訳

原出版社より

　本書は，本の主題に関する正確で信頼のおける情報を提供するために出版されました。これは，発行者が心理的，経済的，法的，その他の専門的なサービスを提供しないことを前提に出版されています。もし専門的な支援，カウンセリングが必要であれば，適切な機関のサービスをご利用ください。

Distributed in Canada by Raincoast Books

Copyright © 2011 by Matthew McKay and Troy DuFrene
New Harbinger Publications, Inc.
5674 Shattuck Avenue
Oakland, CA 94609
www.newharbinger.com

Cover design by Amy Shoup
Text design by Michele Waters-Kermes
Acquired by Jess O'Brien
Edited by Elisabeth Beller

All Rights Reserved. Printed in Canada.

Japanese translation rights arranged with
New Harbinger Publications
through Japan UNI Agency, Inc., Tokyo

目　次

はじめに ……………………………………………………………… 5

パート1　最初に知っておくこと ……………………………… 7
 1　不安とは何か? …………………………………………… 10
 2　不安とはどんなものか? ………………………………… 14
 3　不安は私たちに何をもたらすか? ……………………… 18

パート2　認知行動療法 ………………………………………… 21
 4　リラクセーション法 ……………………………………… 23
 5　心配のためのリスクアセスメント ……………………… 28
 6　心配する時間を作る ……………………………………… 31
 7　心配事に自分をさらしてみる …………………………… 33
 8　不確かなことに自分をさらしてみる …………………… 35
 9　パニックを和らげる ……………………………………… 37
 10　呼吸の練習 ………………………………………………… 40
 11　内部感覚曝露 ……………………………………………… 43
 12　恐怖と恐怖症 ……………………………………………… 47
 13　問題解決の役割 …………………………………………… 51
 14　問題解決のためのステップ ……………………………… 54

パート3　不安と上手に付き合うために……61

 15　マインドフルであること……63
 16　受容の練習……68
 17　自分の考えを観察しよう……70
 18　名前付けをして手放す……74
 19　距離をとるテクニック……77
 20　二次感情を見つけよう……80
 21　不安を生みだす行動パターンに取り組む……82
 22　引き金となる考えを特定する……85
 23　ポジティブな感情にも場所を与える……88
 24　気晴らしをする，自分をなだめる……90

パート4　基本的な健康習慣……93

 25　よい睡眠について……95
 26　不眠とその解決法……97
 27　食生活……101
 28　運動……103

資料・文献……106
訳者あとがき……111

はじめに

　不安に関する問題に取り組む準備はできていますか？　本書の中には，不安と上手に付き合うために役立つアイデアや自分で練習できるスキルがつまっています。できる限りわかりやすく，情報をまとめました。本書のゴールは，読者の皆さんに30分で必要な情報を提供することです。

　本当に30分で結果が得られるのでしょうか？　それは，読者の皆さんが「何を」結果と見なすかによります。もし，不安を完全に取り除くことをゴールとするならば，30分で結果を得るなど不可能でしょう（事実，どれほど時間をかけてもそのような結果は決して得られないでしょう。有能で経験豊かなメンタルヘルスの専門家に相談したいと思われる方もいるかもしれませんが，本書にはそうしたことは書かれていません。セラピストになるための教育と経験は相当なものであり，どんなに詳細なことが書かれた本であっても，本を読んだだけで有能な専門家に相談することの代わりにはなりません。

　しかし，自分の不安について少しでも学びたいと思っているのであれば，30分を利用して，本書の内容を読んでみてください。生活における不安の影響を減らすことができるでしょう。さあ，準備はいいですか？

パート1

最初に知っておくこと

本書は4つのパートに分かれています。パート1では，現象としての不安というものに対する皆さんの疑問にお答えします。パート2では，不安に関連する問題の治療として効果が示されている**認知行動療法**から，役立つ情報を紹介します。パート3では，他の心理療法モデルによる考え方を説明します。そしてパート4では，不安に陥る生活習慣に言及し，食生活，運動，そして睡眠によって不安を和らげ，自分の健康を管理する方法について紹介します。

　本書の各パートは短いセクションに分けられています。各セッションの冒頭では，そこで取り扱う内容を要約し，読者の皆さんがその場で体験してもらえるような情報を提供します。

　「知っておきたいこと」の内容によっては，興味を引かないものもあるかもしれませんが，それでいいのです。不安というのはとても広い内容を含むものなので，すべての人が同じように不安を体験しているわけではありません。もし自分にはこの内容はあまり合わないなと思ったら，次のセクションへと進んでください。

　「知っておきたいこと」を読んで，さらにもっと知りたいと思ったら，次の「さらなる一歩のために」へと進みましょう。実際のセラピーでは，さらに内容を深めたいと思っても次の予約を待たなくてはなりませんが，ここでは読み進めることがで

きます。「さらなる一歩のために」では,「知っておきたいこと」で紹介する内容を広げ,皆さんの理解を深めていきます。

　本書をどのように使うかは,皆さん次第です。最初から終わりまで読み通してもいいですし,興味を引くものを中心に取り組むこともできます。皆さんのペースで読み進めてください。

1 不安とは何か？

知っておきたいこと

　不安とは，胸騒ぎがしたり，心配したりする状態のことです。それはあなたに苦悩をもたらします。以下の2つのことをきっかけにして，不安は大きくなります。

- 身体の緊張〈ストレスホルモンによって引き起こされる「闘争－逃走症状」（生命を脅かす外敵から身を守るために，外界のさまざまな情報をストレスとして察知して危機に対応するための反応。闘うモードか逃げるモードのどちらかが選択される。緊急事態が収まれば，この反応は消え去り元に戻る）など〉
- 将来起こりうる危険，最悪の状況に注意が向いた思考

　「闘争－逃走」の症状は，脅威と見なされる対象から逃げる，あるいはその対象と闘うための準備状態になるときに生じます。こうした症状には，気絶，目眩，呼吸数の増加，発汗，心拍上昇，不快感などが含まれます。
　不安を誘発する思考，これは「もし～だったら思考」とも呼ばれますが，この思考によって苦痛，喪失，何らかの災難など

のイメージが生じます。この思考は，あなたの身体に対して何か恐ろしいものに備えるよう，メッセージを送ります（つまり，この思考が闘争−逃走反応を活性化するわけです）。しかし，出来事それ自体は不安を生じさせるものではありません。むしろ，そのような出来事を解釈するあなたの思考であったり，不安の感情を引き起こすような考えに対してあなたの身体が反応することによって不安が生じるのです。

　不安の経験は一時的なものですが，長時間にわたって続くものもあります。不安は人間の経験にとって非常に重要なものであり，（人によってはいつも）誰もが感じるものです。不安はいたって普通の経験ではあるけれど，あなたの生活に問題を引き起こす可能性もあるのです。

エクササイズ

　今，あなたは何に不安になったり，心配したりしていますか？　支払い請求ですか？　健康ですか？　高いところ，エレベーター，クモは怖いですか？　針のようなとがった物，血についてはどうですか？　パーティに行くことやスピーチをすることを考えると，胸のつかえを感じたり嫌な感じがしませんか？　交通事故に遭ったときのことを考えていて夜に目が覚めることはありませんか？　ドア

ノブの病原菌が気になりすぎることはありませんか？　おそらく，これらの質問のうち1つくらいは心あたりがあるのではないでしょうか。それらはすべての人が経験するもので，私たちが不安と呼ぶものです。

　本書を読み進める前置きとして，あなたの生活のどの部分が不安によって最も妨げられているかを考えてみましょう。この本を読んでいるということは，おそらく皆さんが不安を経験していて（ほとんどいつも経験しているという人もいるかもしれません），その不安があなたにとっていくらか，あるいは大きな問題になっているのではないでしょうか。読み進める前に，あなたの思考，身体の反応が不安の悪循環をどのようにして引き起こしているかについて一度考えてみましょう。

....

さらなる一歩のために

　単純な真実として，不安という経験が何によってもたらされるかを知る者はいません。確かに，いくつかの不安は，生活上の大きな変化や差し迫った危険（たとえば自然災害や健康面の危機），病気や薬の副作用といった特定の原因によってもたらされることも考えられます。しかし，不安のパターンは特定の引

き金や原因と明確には結びついてはいません。不安は，思考や思考のパターン，それに身体的な緊張，生活上のストレスとなる出来事，私たちが直面する生活上の葛藤など，複雑な相互作用によってもたされる結果であるといった方が無難でしょう。不安を減らし，不安と共に生きていくために，不安の原因を理解することは必要なことではありません。

　不安は感染や骨折のようなものではないので，不安を治したり取り去ったりしてくれるような治療は存在しません。もしかすると，抗不安薬のことを聞いたことがあるかもしれませんが，不安が高い人たちの気分を改善してくれる薬の効果には，ムラがあることを知っていてください。

エクササイズ

　エクササイズを始める準備はできていますか？　あなたの変わりたいという決意に点数をつけるとしたら，10点満点中，何点くらいになるでしょうか？

2 不安とはどんなものか？

知っておきたいこと

　心理学者は不安に伴ういろいろな行動を分類しています。心配，恐怖，パニック，シャイ，トラウマとなる出来事の再体験，強迫観念・強迫行為などはすべて，不安に関連した経験だと考えられています。

　医療関係の専門家は，メンタルヘルスに関する問題を診断するために，行動を群にまとめたものを使用しています。DSM〈『精神疾患の診断・統計マニュアル (American Psychiatric Association, 2000)』〉と呼ばれる診断基準です。DSMにはさまざまなメンタルヘルスの問題の基準が記載されてはいますが，専門者間で完全な同意が得られたわけではありません。さまざまな不安関連障害については意見の違いがあります。

　私たちが不安について話す際にも，上記のような特定の形態については話しません。私たちは，自分たちに馴染みあるもの，不確かさに対する落ち着きのなさであったり，不快な気持ちといったような一般的な感覚について話すことが多いでしょう。不安とはそのようなものなのです。

....

エクササイズ

　あなたの不安に何かラベルを付けることは重要なことではありません。もちろん，研究者は正確な専門用語を用いる必要がありますし，医師は患者のために治療計画を立てる必要があります。生活する上で，不安を感じる私たちにとっては，不安という経験が私たちの日常と私たちがこうありたいと思う生活の間に障壁を作ってしまう，ということを知っているだけで十分です。不安があなたをどのように妨げているか，そして自分が望む生活を手に入れるためにはどうしたらよいのか，について，本書のエクササイズを通して見つけることができるでしょう。

....

さらなる一歩のために

　心配や恐怖は不安に共通する特徴であるため，ここではそれらについて述べます。

　ほとんどの人が心配しますよね？　どうしてでしょうか？　心配は生活上の数え切れない重要な質問に答えようとする，持続的な試みといえます。「間違った選択をしたらどうしよう」，「誰かを傷つけたらどうしよう」，「支払いができなかったらどう

しよう」などです。元来，心配とは不確かなものに対する恐怖であり，苦痛な何かが起こるかもしれない，といった漠然としたものです。ここで1つ重要なポイントをお伝えしましょう。それは，心配は常に未来に目を向けたものである，ということです。心配は現在，今ここで何が起きているかに焦点を合わせると持続しません（本書の15（65ページ）でマインドフルネスを練習する理由の1つがここにあります）。心配は人が本来であれば経験すべき豊かさや喜びを抑えこんでしまい，生きているという実感を弱めてしまう傾向があります。

　心配はより一般的なものである一方，恐怖は特定の対象にはっきりと向けられます。たとえば，サメ，飛行機事故，血，針などです。恐怖は人を不快にさせやすく，恐怖が長期におよべば人の生命力を弱らせかねません。しかし，特定がはっきりしているので避けることができます。サメが怖いとしても，浜から離れたところにいたり，水族館の中だったら，そこまで恐怖は生じないでしょう。

エクササイズ

　あなたの不安には，心配と恐怖のどちらが多く見られますか？あるいは，どちらも同じくらいに困っていますか？

3　不安は私たちに何をもたらすか？

知っておきたいこと

　あなたが不安に苦しんでいるのであれば，おそらく多くの時間を心配事だったり，どうしたらその不安を取り除けるか？と考えることに取られているかもしれません。ここでは少し，どうして私たちが次から次へと不安になるのかについて考えてみましょう。人間には本能があり，苦痛を避けようとする強い気持ちが，不確かなものに対する不安を生み出しています。人は不確かなものに直面すると，それを中和させようとします〈問題解決について紹介している 13（51 ページ），14（54 ページ）も参照してください〉。その過程で，起こるかもしれないことをいろいろと考える，それがあなたの持っている不安というものなのです。

....

エクササイズ

　この数日間で，曖昧な状況で嫌な気分になり，不安が頭の中でぐるぐる回ってしまった例を思い出してみてください。

....

さらなる一歩のために

　不安は人間を問題解決へと駆り立てます。私たちには鋭い歯も爪もありません。しかし，私たちにはとても大きな脳があるし，推測したりコミュニケーションを図る能力が備わっています。
　ですが，この進化的なアドバンテージはコストを伴います。人は次に何が起こるのか知らないことを**嫌い**，今後直面するかもしれないと想像した問題を，解決しようと本能的に動いてしまうのです。それがたとえ実際の解決法などない問題であったとしても，です。

....

エクササイズ
　普段の生活では明らかにすることができないような物事を，明らかにしようとする自分の姿を想像してみてください。あなたのその大きな脳を休ませてあげられますか。あなたが抱えている問題を意図的に「解決しない」ようにさせると，どうなるでしょうか？

....

パート2

認知行動療法

これからは，数ある心理療法の中から，認知行動療法（Cognitive Behavioral Therapy：以下 CBT と呼びます）のいくつかの技法を用いて，不安に直接働きかけていきましょう。CBT には非合理的な考え，偏りのある考え方，あるいはその人のためにならないような考え方を見つけ，それを修正していくためのスキルがいくつもあります。同時に，CBT では行動も変えていきます。

　CBT はあなたを苦しめるものすべてを癒すものではありませんが，多くの人に効果があるという科学的な証拠が示されています。ここでは，深くリラックスする方法，心配やパニックへの対処の仕方，恐怖との向き合い方，そして問題解決の仕方などを学んでいきましょう。

4 リラクセーション法

知っておきたいこと

　リラックスする方法なら知っていると思う方もいるかもしれません。しかし，ここで紹介するリラックス法は特別な方法です。どのようなリラクセーション法が，不安になったときに役に立つか，それはあなたが不安になったときにあなたの身体がどう感じているかをまず考えてみることが大事です。肩が緊張して，背中を丸めていませんか？　眉間にしわが寄っていませんか？　拳がぎゅっと握られていたり，体中がカチカチになっているかもしれません。お腹のあたりに気持ち悪い感じがあるかもしれません。ここで紹介するリラクセーション法は，あなたの身体を良い方向に変えてくれます。深いリラクセーション状態に入ると，心拍や呼吸はゆっくりとなり，血圧が下がり，緊張した筋肉が緩まります。平穏で安心，落ち着きをもたらす脳のアルファ波が増えます。そうした生理学的な変化が生じると，あなたの不安な気持ちは減っていくはずです。

　リラクセーション法を練習しましょう。一度マスターすれば必要なときにいつでも使えます。

エクササイズ

　最も基本的なリラクセーション法を紹介します。以下の手順を読んで試してみましょう。

1．邪魔が入らない，静かな場所を選びましょう。そこに座るか，横になり，目をそっと閉じてください。
2．片手を軽くお腹のあたりに置き，もう片方の手を胸のあたりに置きましょう。息をゆっくり静かに吸い込み，お腹の中に深く，できるだけ息を吸い込みます。胸に置いた手はあまり動かず，お腹の方の手は少し膨らむはずです。
3．呼吸が速いか，遅いかはあまり気にしないでください。自然に，無理のないように息を吸ったり吐いたりするだけで構いません。
4．自然なリズムに慣れてきたら，息を吐く際に数を数えましょう。10まで数えたら，また1から始めてください。少なくても10分，あるいはリラックスしてきた，心も体も落ち着いてきた，と感じるまで続けてみましょう。

さらなる一歩のために

この深呼吸のエクササイズを一度試したら，次のステップに進みましょう。ここでは，**漸進的筋弛緩法**と**イメージ法**を紹介します。これらの方法は，先ほど紹介した深呼吸よりも少し練習が必要です。

漸進的筋弛緩法とは，エドモンド・ジェイコブソン博士が1929年に開発した方法です。あなたの身体の筋肉すべてを決まった順番で緊張させたり，緩めたりさせます。数カ月間，この方法を毎日練習することで，不安やその他の苦痛な感情を劇的に減らすことができます。

....

エクササイズ

1. 7秒間，腕と肩に力を入れます（拳をぎゅっと握って，腕に力こぶを作りましょう）。7秒たったら，体を楽にしてください。これを繰り返します。
2. 7秒間，顔をしかめます（肩をすぼめる，目を細める，口をきゅっと結ぶ）。7秒たったら，顔を楽にしてください。これを繰り返します。
3. 7秒間，背中をそらします（胸を伸ばしてお腹を締めながら，

ゆっくり背中をそらす)。7秒たったら，体を楽にしてください，これを繰り返します。
4．1回，もしくは2回，深呼吸をします。
5．7秒間，バレリーナのようにつま先立ちをします（つま先立ちの間はお尻と両脚を締める）。7秒たったら，体を楽にしてください。これを繰り返します。
6．7秒間，つま先を頭の方に向けます（つま先を頭の方に向けている間，お尻と両足を締めます）。7秒たったら，体を楽にしてください。これを繰り返します。

....

　不安のためのイメージ法を用いるには，リラックスした状態で心の中に平穏な光景を思い浮かべます。

....

エクササイズ
　平穏な光景を思い浮かべる方法は2つあります。1つはあなたがリラックスできるような環境（砂浜，山，幼少期に住んでいた家など）を思い浮かべること，もう1つは心を開いて自分の無意識に問いかけるようにして平穏な光景を見つけるというものです。どちらの方法でも，目をそっと閉じて，あなたの心の中でその光景をはっ

きりと形にしましょう。イメージができてきたら，その光景の1つ1つに注意を向けましょう。何が見えますか？　場所によっては明るい，暗いがあったり，不明瞭だったり形がなかったりするかもしれません。それで構いません。あなたの心と体をその瞬間に沈めるようにしてください。その場所であなたの体はどんな感じになりますか？　あたたかい？　冷えた感じですか？　浮いているような感じですか？　あなたは好きなだけこの平穏な場所にとどまることができますし，静けさや安心感に身を沈めたいと思ったときにはいつでも戻ってくることができます。その平穏な場所を離れる準備ができたら，目をゆっくり開け，少しの間休憩しましょう。

5　心配のためのリスクアセスメント

知っておきたいこと

　心配事が起きないように懸命に努力しても，悪いことは起きてしまいます。私たちは物をなくしたり，不意をつかれたり，病気になったりする存在です。生活の中の悪い物事を予想したり，中和させたいという強い思いは，思い込みに発展することがあるので注意が必要です。

エクササイズ

　心配はあなたにとって深刻な問題でしょうか？　以下の質問に答えてみてください。

- 将来起こるかもしれない悪いことをとても，あるいはいつも心配していますか？
- たいてい，物事が悪い方向に進んだり，だめになることを予想しますか？
- 起こる可能性が低いことまで心配しがちですか？（たとえば飛行機事故，サメの襲撃）
- 同じ心配事を何度も頭の中で思い巡らせてしまいますか？

- 心配のあまり，生活の中で何か重要なことをするのを忘れてしまいますか？
- 段階を踏むのを難しく感じますか？

さらなる一歩のために

　人は職を失うこともあれば，車の衝突事故にも遭うかもしれません。しかし，**今日**あなたがそうした出来事に遭遇する可能性はどれくらいでしょうか？　リスクアセスメント（あなたにとっての危険を現実的に理解する方法）を実施することで，心配を和らげることができます。

エクササイズ

　毎日，一部の人たちにおいてはひどい出来事が生じているかもしれない一方で，大部分の人たちは重大な苦難に苦しむことなく起床して，仕事に取りかかり，眠りにつくものです。心配があなたの生活の中で多くを占めていたとしても，この単純かつ統計的な事実を見落としがちです。あなたの生活で心配を和らげるための方法は，毎日の生活であなたが直面しうるリスクを現実的に評価することで

す。簡単なエクササイズとして，この一年間であなたが心配している出来事が何回くらい起きるかを考えてみましょう（飛行機に乗る回数，エレベーターに乗る回数，夜に外出する回数，腹痛に悩む回数など）。それから，その最悪な出来事（飛行機事故，エレベーターの落下，強盗，胃がんなど）がどれくらい起こるのか，またその可能性はどれほどかを計算してみましょう。その心配が起こりうる可能性は，ありえないほどに低いものではありませんか？

6 心配する時間を作る

知っておきたいこと

　これまで，他の誰かに自分の心配事を話した時，次のようなことを言われたことがあるでしょう。「そうだね，どうしようもないことかもしれないね。それを心配しても仕方ないよ，他のことを考えてみよう」と。残念ながら，心配してもその心配事はどうにもなりません。心配していることを考えないようにしても，実際にはあなたの心配はさらに強くなり，どんどん大きくなっていくでしょう。でも，心配に対してあなたができることは何もないということではありません。

....

エクササイズ

　常に心配したり，自分の振る舞いを気にしたりする代わりに，1日に30分ほど，自分が心配することに注意を向ける時間を設けましょう（この時間を「心配タイム」と名付けます）。予定した時間とは別の時間に心配が出てきたら，次の心配タイムの時間までその心配を保留してください。カードなどに心配事を書き出しておくのもいいでしょう。

自分の心配事に注意を向けると，どのような感じがしますか？ 30分間，自分の心配事に集中することができますか？（心配タイムをとることで）心配の勢いが減り，心配が弱まっていくのを感じますか？

さらなる一歩のために

30分間，心配事に集中してみると，面白い体験をされたのではないでしょうか。どんなことが起こったでしょうか？ 次のエクササイズを試してみてください。

エクササイズ

心配タイムの間，あなたの現在の心配が過去あなたに実際に起こったこととどう関連しているのかを考えてみましょう。心配しているとき，あなたは過去の出来事に今の心配，そしてこれからのことの心配を結びつけすぎてしまっていることに気づかれると思います。何か悪いことがあなたの身に起これば，また起こるのではないかと心配するかもしれません。もちろん，その可能性はあるでしょう。しかし，一度不幸を経験したからといって，また必ず同じ経験をすると思い込まないでください。

7　心配事に自分をさらしてみる

知っておきたいこと

　あなたが心配していたことに直面したとして，本当に自分が恐れていたようなとんでもないことが起きたでしょうか？　心配症の人はたいてい，非合理的な出来事を予想しています。これは「**破局化**」と呼ばれます。たとえば，自分の仕事を失うことを心配していた男性が実際に職を失ったとします。しかし，すぐに別の仕事を得たとしましょう。その結果，心配も和らぎ，新しい仕事がどんどん好きになりました。彼が初めに予想した大変な結末は起こらなかったことになります。

エクササイズ

　まず，あなたの中によく出てくる心配事を一つ選んでください。あなたが心配していることが実際に起こるとして，具体的にどうすればいいでしょうか？　助けを得ることはできそうですか？　その問題を解決するために，どのような手順を踏めばいいのでしょうか？　その問題に対処するための手段を考えてみましょう。

7　心配事に自分をさらしてみる

さらなる一歩のために

　上記のエクササイズだけでは，あなたに繰り返し生じる心配に十分対処したことにはならないかもしれません。足りない方は，次のエクササイズに取り組みましょう。

エクササイズ

　あなたの強い心配事を紙に書き出すため，5分間の時間を設けましょう。起こりうる最悪の状況を書き出してください。時間は5分間を守りましょう。それから，紙に書いたことを何度も口にしてみてください。言い終わるときと言い始めるとき，それぞれ今の自分の不安を0から10の数値で計りましょう（10がいちばん不安が大きい状態を示します）。エクササイズ中に，自分の不安が最高得点の半分くらいになったところで止めます。このエクササイズは1日に1，2回ほど行い，あなたの不安が2以下になるか，あるいはすぐに0に落ちるようになるまで続けてみましょう。

8 不確かなことに自分をさらしてみる

知っておきたいこと

　心配が続くと，人は**安全行動**をとります。たとえば何回もチェックしてみたり，安心を求めようとしたり，そうなる状況を避けようとしたりするのです。こうした安全行動は簡単に安心を得ることができるものの，次なる心配の引き金になります。なぜなら，そうした行動は確かなものを求めているからこそ起こるためです。あなたはまたすぐに不確かなことに心配になり，自分は安全なのかどうかを確かめたくなります。ここでの問題はつまり，人の心はいつでも危険を見つけ出すことができてしまうことにあります。あなたが不確かな感じを受け入れられるようになれば，心配や安全行動に振り回されることが減っていくでしょう。

エクササイズ

　あなたの不安，心配に対してやりがちな安全行動は何でしょうか？　自分の家族や友人にも尋ねてみてください。**回避**はよく見られる行動です。

さらなる一歩のために

あなたの安全行動はその時々で役に立っていると思われるかもしれません。ですが，それはほんの一瞬に過ぎないことに気づいて下さい。不確かな感じや心配は再び大きくなっていきます。

エクササイズ

不確かな感じに自分をさらすことができなければ，安全行動は不安を長引かせます。心配や不確かな感じがするとき，確認行為や安心を求める行動を遅らせ，少しずつ行動のインターバルを作ってみてください。少しずつ不確かさの感じにさらされて，次第に耐えられるものになっていくはずです。この方法によって，あなたの心配はかなり減ることでしょう。

9 パニックを和らげる

知っておきたいこと

　パニックを経験したことがある人であれば，そのときの気持ちがよくわかるでしょう。心臓が急激にどきどきする，呼吸が早くなる，目眩がする，死んでしまうのではないかと思う，ぼーっとする感じや現実味のない感じなどです。パニックで苦しむ人の中には，こうした離人感（自分が自分でない感覚であったり，生きている実感をもてないような主観的な感覚のこと）や非現実感（実際に起こっていることが現実に起こっているように感じられない，まるで夢の中にいるような主観的感覚のこと）が最も恐ろしいものとされます。なぜなら，そうした感じによって気が狂ってしまうのではないかと思うためです。

　パニックを克服するための第一歩は，パニックがなぜ・どのようにして起こるのか，を知ること，そしてパニックの症状によってあなたが傷つけられることはないということを受け入れることです。自分に害がないものであることを受け入れる心構えができたら，以下のエクササイズに取り組んでみてください。

エクササイズ

　パニックが起こりそうな兆候を最初に感じたときに，**対処的思考**（問題の対処の際に役立つ考え方のこと）を使いましょう。パニックの症状は害のない「闘争－逃走反応」であることを思い出してください。それはいたって普通の反応です。あなたに害はおよぼしません。それによって気を失ったり，死んだりすることもありません。息が止まることも気が狂うこともありません。

さらなる一歩のために

　あなたがパニックに陥りやすいなら，自分の不安と結びついた身体症状に敏感になっていることでしょう。あなたは心臓がドキドキしてきたことを気にしたりしていませんか？　離人感や非現実感に注意を向けていませんか？　こうした態度は，次のパニック発作に備え，自分を守ろうとするものですが，実際に何か起こった際にさらなるパニック，つまりアドレナリンの上昇の原因になってしまいます。

エクササイズ

　パニック症状が起こりそうだと感じたときに，**5分間ルール**を思い出してください。アドレナリンが放出され，血流から消えるまでには3分〜5分程かかります。あなたが呼吸法のエクササイズをしたり，不快な感情を受け入れれば，パニックは5分に満たない時間で消えて行きます。

10 呼吸の練習

知っておきたいこと

　パニックになったとき，どのように呼吸をしていますか？　パニック状態にある人の多くは，息切れを起こしやすく，またそうした呼吸をやめません。そうすることで呼吸は短く，浅くなりますが，それによって肺の中が空っぽになってしまうのです。空気が足りていないというのはただの錯覚です。

エクササイズ

　ここで紹介する呼吸のエクササイズは特にパニック障害の支援のために作られています。五つの簡単なステップを以下に記します。

1．まず息を吐きます。パニックになりそうだ，あるいは不安になりそうだと感じたらすぐに，肺の中を完全に空っぽにしましょう。深く大きく息を吸い込むために，まずは息を吐き出します。
2．次に，鼻呼吸で息を吸い込んだり吐き出したりしましょう。鼻呼吸によって呼吸をゆっくりにすることができますし，過呼吸を防ぐことにもなります。

3. 腹式呼吸を使って深呼吸をします。片方の手をお腹の上にのせ，もう片方の手を胸の上に置きましょう。お腹で呼吸をしていれば，お腹にのせた手が上がったり下がったりします。もう片方の胸の上の手はあまり動かないはずです。
4. 呼吸している間，数を数えます。まず息を吐きだし，鼻から息を吸い込みます。そのときに，「1…2…3」というように数を数えながら息を吸い込みます。数え終えたら1秒おいて，口から息を吐き出しましょう。吐き出すときにも「1…2…3…4」と数を数えます。このように数を数えることで，呼吸が早くなるのを防ぎます。
5. ここでは，ステップ4のときよりも呼吸を一拍遅くしてみましょう。息を吸い込むときに「1…2…3…4」と数え，一旦止めてから息を吐き出すときに「1…2…3…4…5」と数えます。吸い込みよりも吐き出しのときに一拍長くするようにしましょう。

さらなる一歩のために

呼吸の練習は効果があります。練習を始める際には，静かで安全な環境で行ってください。パニックになっているとき，あるいは不安なときは練習を避けましょう。

10　呼吸の練習

エクササイズ

　呼吸の練習に慣れましょう。練習は静かで邪魔の入らない場所で行いましょう。毎日練習をしていれば，少し不安になる状況でも簡単にこの呼吸法を実施することができることでしょう。

　パニックの最中にこの呼吸の練習をしようと考える前に，次の内容に進み，自分の体の中で生じる感覚に慣れていく練習をしていきましょう。

11 内部感覚曝露

知っておきたいこと

　パニック障害の治療に用いられる効果的な方法の1つに，**脱感作**というものがあります。

　方法としては，安全なやり方でパニックに関連する症状に類似した身体感覚を作り出します。これにより，めまいを感じたり，心臓がドキドキしたり，現実感がなくなってきたりもしますが，ここで生じる感覚とパニックとを結びつけないような習慣を一度でも作ってしまえば，自分の身体感覚に過剰に注意を向けることはなくなるでしょう。

エクササイズ

　脱感作の第一段階では，以下の10個の特定の感覚に自分をさらしてください。さらしてから，自分がどうなるかを評価します。以下のリストのうち，いくつかはあなたにとって，かなり不快なものかもしれません。しかし，それらはまさに，あなたがパニック障害から立ち直るために必要な，脱感作すべき恐怖の感情です。もし，あまりにも怖くて，一人ではできないのであれば，誰かに協力を求めてみましょう。

1. 30秒間，首を横に振り続けます。
2. 頭を下げたり，上げたりを繰り返します。この行為を30秒間繰り返します。
3. 60秒間，その場で足踏みをします。
4. 厚着をして60秒間足踏みします。
5. 30秒間，あるいはできるだけ長く，息を止めます。
6. 60秒間，あるいはできるだけ長く，主要な筋肉（特にお腹あたり）を緊張させます。
7. 回転する椅子に座って60秒間回ります（立って回ろうとしないでください）。
8. 60秒間，呼吸を速くします。
9. 細いストローを使って，120秒間呼吸をします。
10. 90秒間，鏡で自分をじっと見つめます。

さらなる一歩のために

10個あるリストの感覚に1つずつ自分をさらしたら，どれが最も自分を不安にさせたかを特定しましょう。自分の不安の強度を0〜100で点数をつけます。100点があなたがこれまで感じた中で最悪の不安の状態です。

次に，不安強度階層表を作ります。

不安強度階層表

エクササイズ	練習1	練習2	練習3	練習4	練習5	練習7	練習8
1.							
2.							
3.							
4.							
5.							
6.							
7.							
8.							
9.							
10.							

階層表を作成したら，脱感作の本番のスタートです。階層表にある最も不安の低いものから始めましょう。脱感作の手順は以下の通りです。

1．エクササイズを開始し，不快な感じが出てきてから少なくとも30秒間はエクササイズを続けましょう。続ける時間が長いほどよいです。
2．エクササイズを終えたらすぐに自分の不安を記入します。
3．各エクササイズに続いてすぐに呼吸を整えましょう。

4．各エクササイズにおいて，今経験している身体感覚は自分に害のないものであることを思い出してください。たとえば，頭がくらくらしたり目眩がしたりしても，それは脳への酸素供給が不足したことによる一時的なものです。

5．あなたの不安が25点を下回るようになるまで，各エクササイズに対して脱感作を続けましょう。

12 恐怖と恐怖症

知っておきたいこと

あなたは恐怖に悩まされていますか？ もしそうであれば，怖いと思うものや，その状況を回避しようとしているかもしれません。これは通常の反応ではありますが，実際に恐怖に打ち勝つためにはあなたを怖がらせるものから逃げないことが重要です。自分で作成する階層表を使って，ゆっくり進みましょう。

エクササイズ

恐怖症には，**現実曝露**（自分が怖いと思う対象に実際に近づき，慣れを通して恐怖を克服する方法）と呼ばれる方法を用いて取り組むことができます。これから作成する階層表で，恐怖の小さなものから徐々に大きなものへと自分をさらしていきます。ここでのエクササイズでは，階層表を作成するにあたり6個から20個ほどの項目を作りましょう。階層表のリストの最初の項目は，あなたが恐れるもの，状況の中で最も不快度の小さなものにします。それに続く項目は，最初の項目よりも少しずつ不快度が大きくなる状況にします。たとえば犬が怖いことに対しての階層表を作ってみましょう。最初

の項目には，マンガのキャラクターのような可愛らしい犬を描いてみる，と書かれるかもしれません。次に，犬の写真を撮る，そして次には，しっかりと紐でつながれた犬からほどよい距離で座ってみる，というようにだんだん恐ろしい状況をあげていきます。おそらく，最後にはかなり大きな犬，あるいはかなり動き回ってあなたに近づいてきたり，あなたに向かって飛び回る犬とじゃれることになるかもしれません。

　階層表を作るにあたり，重要な4つのポイントがあります。それは，①怖い対象や状況にどれくらい物理的に近づけるか，②その対象や状況にどれだけ長く自分をさらせるか，③その状況をどれだけ困難なもの，怖いと思うか，そして④一緒にいてくれる人とあなたとの距離はどれくらいかです。その4つは階層表を作る前にはっきりさせておきましょう。

さらなる一歩のために

　階層表を作成したら，最も簡単な項目を試す前に，10分間ほど身体をリラックスさせましょう。以下のように，自分に繰り返しつぶやいてみましょう。

- 呼吸をしてリラックスしよう。
- 身体を自由にしよう。
- （呼吸で）ストレスを吐き出そう。

怖いものに向きあう前には，次のように考えるといいでしょう。

- 今感じている感情はいずれ過ぎ去る。
- 以前もこの感じをやりすごせた，だから今回も大丈夫。
- これは私の自然な「闘うか逃げるか反応」だから，これは私を傷つけるものではない。
- アドレナリンが体を駆け巡ったとしても，5分間しかもたないし，心配の悪循環に陥ることはない。

エクササイズ

　リラックスしたら，作成した階層表の最も簡単な項目から始めましょう。タイマーで60秒を設定し，その間，その対象や状況に自分をとどめます。もし**想像曝露**（頭の中で恐怖の対象を想像して慣れていく方法）を用いるのであれば，その対象や状況を詳細にイメージして，そのイメージに自分をさらします。タイマーがなったら，自分の不安の点数を0〜10で評価します。0はまったく不安が

ない状態，10はこれまで感じた不安の中で最悪の不安を指します。この作業で混乱したり嫌になってしまったら，自分をリラックスさせ，再度その状況に自分をさらします。もし，何度も中断を繰り返してしまうようであれば，その項目をより簡単なものに小分けにして，きちんと完遂できるようにしましょう。

　あなたの不安が耐えられるレベル，つまり2点か3点くらいに下がってきたら，次の項目に移りましょう。

　毎日練習しましょう。最初の練習は約20分ほど続けてください。想像曝露の場合，30分に時間を引き延ばしてもいいでしょう。ただし，"疲れ"には注意してください。疲れてきたり，退屈だなと思ってきたら，そこで練習を止めるようにしてください。新しい練習を始める際には，必ず前回の最後に取り組んだ状況に戻ってください。これにより，練習の効果を確実なものとすることができます。

13 問題解決の役割

知っておきたいこと

あなたが不安や心配になる事柄には，あなたの人生に関する複雑な問題が含まれていることがあります。そうした問題が，まったく解決の余地がない，と言いたいのではありません。もし，あなたが「自分はいい人ではない」，あるいは，「自分は愛される人ではない」といったことで気に病んでいるようであれば，問題解決のためのスキルに取り組むよりもむしろ，自分のものの捉え方，考え方を変える必要があるかもしれません。しかし，あなたが気にしている問題の中には，問題解決の方法が役立つかもしれません。

本書の前の部分で述べたように，あなたの人生におけるどの葛藤が解決すべき問題なのか，そして問題を認め，受け入れた方がいい部分はどこか〈さらに詳しいことは16（68ページ）を参照〉を知ることで，あなたが不安と共に生きていくのが簡単になります。

13　問題解決の役割

エクササイズ

　どの問題を解決できるか，あなたは見分けることができますか？　問題解決が可能か，可能でないかを特定することは難しいことではありません。以下の記入欄に書きこんでみてください。

1．私が不安に思うことは＿＿＿＿＿＿＿＿＿＿についてです。
2．起こりそうな最悪なことは＿＿＿＿＿＿＿＿＿＿です。
3．起こりそうな最高の出来事は＿＿＿＿＿＿＿＿＿です。
4．その最高な出来事をもたらすために，あなたの周りの人が3人以上集まれば，実際にどうしたらいいかを決めることができそうでしょうか？
5．「起こりうる最高の出来事が実際に起こったとしたら，私は不安でなくなるし，特定の事柄にイライラすることもないだろう」あなたはそう思いますか？　思いませんか？

　1から3までの質問に対して，具体的に記述しましたか？　もし書けたなら，あなたの状況に問題解決の方法を適用することができます。

　次の4の質問は，実際に解決策を見つけられそうな問題かどうかを見分ける質問です。周りの人が3人集まっても，解決のための最

適な手段を思いつくことはできないかもしれませんが，ある解決策がどのような結果を生み出すかについて，意見を述べ合うことはできそうです。

　最後の質問ですが，もしあなたが何らかの解決策に至ったとして，あなたの置かれた状況は良くなりそうでしょうか？　あるいは，問題を解決することであなたの心の状態は変わりそうでしょうか？　効果的な問題解決のための詳細については，次の項目から始まります。

14 問題解決のためのステップ

知っておきたいこと

　解決を先延ばしにすると，慢性的な苦痛を引き起こします。無力感が増大して，その問題を解決するのはとても難しいものだと思うようになってしまいます。

　1971年，トーマス・ズリラ（Thomas D'Zurilla）とマーヴィン・ゴールドフリード（Marvin Goldfried）はあらゆる問題の新しい解決策を練りだすため，5段階の問題解決法を考案しました。

　たとえば，ある人が朝に自分の靴を見つけられないのは，それが問題なのではなく，靴が置いてありそうな場所を探そうとしないことによって問題が生じている，という考え方です。

　5段階の問題解決を表すのに便利な頭文字はSOLVE（英語で「解決する」という意味）です。以下をご覧ください。

1. 問題をはっきりさせる（State your problem）：問題解決のための最初のステップは，自分の生活で問題となる状況を特定することです。
2. 目標を決める（Outline your goals）
　次に，何をするかを検討します。それをすることによって気分は変わりそうか，やってみたいと思うか，などです。

3．選択肢をリストする（List your alternatives）

目標に向けていろいろな方法を考え出す，ブレインストーミング（新しいアイデアを生み出すための方法。アイデアを評価したり，批判することなく思いついたことをとにかくどんどんと言う，書き出すようにする）を行います。このステップによって，あなたにはたくさんの選択肢が手に入るはずです。

4．結果がどうなるか考えてみる（View the consequences）

このステップでは，いろいろな方法によって得られる結果を考えてみます。

5．結果を評価する（Evaluate your results）

ここで成果を試します。選択した対処法を行動に移し，その結果がどうなるか見てみましょう！

エクササイズ

　問題解決は，先延ばしや決断できないことに関連する不安を低減させるのに効果的です。何の解決策も思い浮かばない，慢性的に続く問題に対する無力感や怒りを解き放つのにも役立ちます。問題解決のためのスキルに欠けていると，不安はどのように悪化していくか考えてみてください。

さらなる一歩のために

あなたは問題解決の一連の流れを掴むことができました。問題解決スキルが不足していると，不安が増大することもおわかりいただけたと思います。次からは問題解決スキルを身につけるために，どうしたらよいかを説明していきます。

ステップ１：問題をはっきりさせる

　最初のステップは，あなたの生活の中で問題となる状況を見つけることです。その問題はお金，仕事，他者との関係，家族関係かもしれません。

ステップ２：目標を決める

　ここでは，変化に向けた目標を設定します。まず，問題に対するあなたの反応を検討します。それは，何をするか，それによってどう感じるか，どうしたいか，についてです。以下の質問は目標をより具体的にするために役立ちます。

- どんな状況でしょうか？
  （ステップ１の問題のリストから選択，または自分の言葉で簡潔に書き出してみる）

- 他に誰がその問題に関わっていますか？
- 何が起きていますか？
  （あなたの困りごとのうち，解決していること，あるいは解決していないことは何ですか？）
- それはどこで起こりますか？
- それはいつ始まりますか？
  （1日のうちのいつ，それが起こっているか？　頻度は？　どれくらいの長さで続きますか？）
- どうして起こるのでしょうか？
  （あなた，あるいは他の人がそのときに問題を起こすのには何か理由がありますか？）
- そのときあなたはどうしていますか？
  （問題となる状況で，あなたは実際どのように反応していますか？）
- 気分はどうですか？
  （怒っていますか？　落ち込んでいますか？　不安ですか？　混乱していますか？）
- どうしたいですか？
  （変化に向けて，あなたが変えたいと思うことは何ですか？）

上記の分析から，あなたの目標はどんなものになるでしょうか？

- _____
- _____
- _____

ステップ３：選択肢をリストする

　この段階では，設定した目標を達成するのに役立ちそうな解決策を考え出す，ブレインストーミングを行います。この方法には，４つの基本的なルールがあります。

1. 批判しない

　　どんなアイデアでもいいので，いいか悪いかの判断をしないでとにかく思いつく限りのアイデア，解決法を書き出します。いい悪いの判断は，後の段階まで保留します。

2. どんな方法を使ってもよい

　　常軌を逸したものでも，大それたものでも構いません。このルールにしたがうことで，マンネリに陥らずに済みます。問題に対するこれまでの見方，限られた見方から抜けだし，まったく異なる視点で問題を見ることができるようになるかもしれません。

3. アイデアをたくさん出す

　　アイデアを多く出すほど，よい解決策を得るチャンスが増えま

す。次々に思いついたものを書き出してください。
4．組み合わせたり改善する

アイデアを組み合わせたり，改善したりするために，再度自分の作ったリストを見直しましょう。ときに，2つのアイデアを組み合わせると，いい1つのアイデアとなることもあります。

ステップ4：結果がどうなるか考えてみる

この段階では，すでにあなたはいくつかの目標を設定していることになります。その解決策を前のステップで検討しました。ここでは，その中から最も期待できそうな解決策を選択し，実際に行動に移したらどのような結果になるかを考えてみます。

いくつかの解決策を検討して，明らかによくないと思われるアイデアを削除します。いくつかの対処法を一つの方法として組み合わせてみるのもいいかもしれません。作成した解決法のリストを，3つまでしぼってみましょう。

アイデアの吟味

```
・試してみること：_____

   予想されるよい結果
      ・_____
      ・_____
      ・_____

   予想される悪い結果
      ・_____
      ・_____
      ・_____
```

ステップ5：結果を評価する

　最後のステップは最も難しいものです。なぜなら，あなたが選んだ解決法を実行に移すときだからです。

　試してみたら，その結果がどうなったかを観察してください。思ったような結果が得られましたか？　その結果に満足していますか？

　目標が達成されないならば，別の方法を考えてみましょう。問題解決のためのステップ3と4，そしてステップ5を繰り返してみるといいでしょう。

パート3

不安と上手に付き合うために

このパートでは，不安と上手に付き合うための方法を紹介していきます。最初の5つのセクションでは，"アクセプタンス＆コミットメントセラピー（Acceptance and Commitment Therapy，以下 ACT）"と呼ばれる最近の行動療法を参考にして，いくつかのアイデアを探っていきます〈「アクト（ACT）」と発音します〉。ACT は行動療法における取り組みを網羅したもので，広範囲にわたる心理的な問題や健康問題に応用することが可能であるといわれています。

　続いて，別の心理療法のモデルから，弁証法的行動療法（Dialectical Behavior Therapy, 以下 DBT）を紹介します。当初, DBT は境界性パーソナリティ障害（Borderline Personality Disorder，以下 BPD）の治療でその効果が示されていました。その DBT のパッケージから不安のセルフケアに利用できるいくつかのスキルを紹介します。

15 マインドフルであること

知っておきたいこと

不安による影響を受けないための方法として，あなたの注意を集中させることが挙げられます。"今"に注意を向けるためによく考えられた方法は，**マインドフルネス**と呼ばれます。

マインドフルネスは長い歴史を持っています。これはよく仏教と関連づけられますが，仏教徒であったり信仰心がなければいけないというわけではありません。本書では，マインドフルネスの鍵となる"呼吸"を学んでいきます。

エクササイズ

呼吸に意識を向けるために，鼻からゆっくりと息を吸い込み，それによって横隔膜が動く様子を観察してみましょう。息を吸い込むごとに数を数えます。10秒間吸いこみましょう。そして吐き出しましょう。呼吸をしながら，自分の頭に浮かんでくる考えを観察してみましょう。そこでは善悪の判断をしないで，ただの"考え"だと名付けましょう。そしたらまた，呼吸に意識を戻します。

さらなる一歩のために

　マインドフルネスに取り組むにあたり，いくつか知っておいてください。

　マインドフルネスの練習のために大事なことの一つは，何かをするのに理由づけは必要ないということです。練習のためにあなたがすることは，余計な評価や判断をせず，起こっていることに"ただ"注意を向ければいいのです。できれば自分なりのやり方でマインドフルネスに取り組むようにしてください。ただ座って，そこで生じてくることに目を向けてみましょう。練習を深めていくことで，生活の中での不安が減っていくでしょう。

　もう1つは，マインドフルネスは練習することによって身につけることができるスキルである，ということです。そのために時間も必要になりますし，習得には練習が必要です。自分の心を静めたり，単に何かに気づくようにしたり，また浮かんでくる考えをそのままにしておくには努力が必要です。あなたはどこにいても独自のマインドフルネスの練習ができますし，マインドフルになる練習をしていれば，あなたはどこでもマインドフルネスを使うことができるでしょう。

エクササイズ

　呼吸に意識を向ける練習をして，日常生活にマインドフルネスを取り入れるようになったら，次のエクササイズを始めましょう。

1．屋内でしばらくの間，何にも邪魔されないような静かな場所を探しましょう。かなりの時間を過ごすので，馴染みのある場所がいいでしょう。
2．タイマーを10分にセットします。
3．何もかけられていない壁を探します。見つかったらその壁に顔を向けてください。立ったままでもいいですし，椅子に座っても，ひざまずいても，あなたが快適でいられれば何でも構いません。できるだけ壁に近づきます。壁の塗装，壁紙，化粧しっくい，あるいは壁上にある何でも構いませんので，壁の詳細が見えるように視線をそこに合わせましょう。
4．ここで3回，ゆっくりと深呼吸しましょう。
5．3回の呼吸が終わったら，壁に視線を集中させます。どんな材質でしょうか？　壁から熱を感じますか？　明るさは？　何かにおいはしますか？　五感を使って壁をじっと見て感じてください。
6．そうしているうちに，ある考えが引っかかってくるようにな

ります。"一体何なんだろう，壁をなめまわしているだけみたい！"これは自然で普通の反応です。あなたがここですることは，考えないようにすることではありません。ただ気づくこと，そして壁をよく理解することです。考えが頭に浮かんできたとしても，そのままにしておいて，あなたが壁をよく観察する作業に戻りながら，その考えが過ぎ去るようにしてください。

7．タイマーが鳴ったら終了です。おそらくほっとするでしょう。普段の生活に戻る前に，少し振り返ってください。これまで気づかなかったことに何か気づきましたか？　その壁について驚いたことはありましたか？　熱さはありましたか，それとも冷たかったですか？　もしあなたが日常生活で不安に苦労しているとすれば，エクササイズ中に不安は感じましたか，あまり感じませんでしたか？　このエクササイズの目標は現在に注意を向け，味わうことであって，不安をなくすことではないことを覚えておいてください。

....

このエクササイズでマインドフルネスを練習したことになります。この考え方を利用して，繰り返しあなたに生じるものを見つめることで，あなたにひらめきがもたらされることでしょう（壁を見ることだけでなく，日常生活の何気ない活動，例え

ば散歩中，家事の合間，お茶を飲んでいる時，お風呂やシャワーを浴びている時にも，この練習をすることができます）。

16　受容の練習

知っておきたいこと

　まだ何か悪いことが起こるのではないかと心配ですか？　そう，悪いことはきっと起こるでしょうね。実際，悪いことが起こるとして，それが今まさに起こるかもしれないし，それは想像を超えるほどあなたを悩ませるものかもしれません。それに対して成す術はありません。

　何か悪いことが起こるかもしれないからといって，それが起こると決まったわけではありません。それはただ，"そう考えただけ"であって，実際にそうなるとは言えません。「次から次へと悪いことが起こる」ことと，「すべてがあなたの予想通りにはならない」こと，この二つは，これから扱う"受容"の基礎です。

　受容とは，あなたの日常生活で経験することに対して開かれた態度，受け入れる態度，です。いいことも悪いことも，楽しいことも苦痛なことも，つらいことも嬉しいことも，です。受容の反対語は"回避"です。回避はいろいろな形で現れます。逃げる，関わることを拒否する，お酒を飲む，などです。あなたが回避していることは，たいていあなたが不安になっていることです。

エクササイズ

　起きたことを受容するのが簡単な生活上の事柄はありますか？　回避しがちな事柄はありますか？　次の内容に進む前に，今の自分が持っている傾向を考えてみましょう。

さらなる一歩のために

　受容にはポジティブな判断もネガティブな判断も含まれます。ある体験を受容すると，それを認め，今に留まり，何とかしようとせずに受け入れます。その後に浮かんでくる考えをコントロールする力はあまりないかもしれません。否定的に反応してしまうかもしれません。ですが，「〜してはいけない」や「〜すべきではない」と考えれば（たとえば「エレベーターに乗って不快になってはいけない，友人の前でおかしな奴だと見られてはいけない」），生活の選択肢は奪われてしまいます。回避を続けるとあなたの人生が犠牲になります。

　受容とは諦めることではありません。いろいろな可能性，選択肢，本当に辛い体験から生じる利点などにも心を開くことなのです。受容とはプロセスです。時間をかけて，受容を試してみてください。

17 自分の考えを観察しよう

知っておきたいこと

　ACTにおける治療要素に,「脱フュージョン」(不快な考えや気持ちは一連の思考プロセスである,と認識できる状態のこと。思考は自分の頭の中に浮かんでいる言葉や映像にすぎないということを理解できるようになれば,「悪いことは起こるかもしれないし,起こらないかもしれない」と考え直すことができる)というものがあります。これは,あなたの心と思考とのつながりを変えるための技術です。次からのセクションでは,あなたの考えを脱フュージョンする方法についてお伝えします。

　自分の心を観察し,自分の考えていることに名前を付けて,そしてその考えを解放する練習をすることによって,考えから距離を置けるようになります。脱フュージョンは"そうした考えを単に抱いている"だけということを教えてくれます。"ある考えを抱いている"とすることで,それはただの1つの考えであって,1日のうちに頭に浮かんでくる6万個もの考えのうちの1つでしかないことを気づかせてくれます。あなたの頭に浮かぶ考えは浮かんだまま通してしまえばいいのです。脱フュージョンの最初のポイントは,自分の心を観察する方法を学ぶことです。

観察のために最初に行うエクササイズは，「瞑想」です。

....

エクササイズ
　あなたは今，白い空っぽの部屋の中にいると想像してください。家具も装飾品もありません。その部屋には，開けっ放しのドアが左右にあり，それがあなたの視界に入る位置にいます。そのドアは暗闇に通じています。ドアの向こうは何も見えません。ここで，あなたの考えが左側のドアから部屋の中に入ってくることを想像してください。部屋に入ってきた考えはあなたの視界を横切って右へ流れます。あなたの考えが部屋を横切る際，その考えに何かのイメージ（たとえば飛んでいる鳥，走る動物，風船，雲など）をつけてください。あるいは，単に"考え"と自分につぶやくのでもいいでしょう。その考えを分析したり，詳しく調べようとはしないでください。一瞬の間にあなたの意識の中に入ってきた考えを，右側のドアから出て行くようにさせます。
　浮かんでくる考えのうち，しつこくつきまとうように感じられるものもあるかもしれません。そうしたしつこい考えは，他の考えに比べてなかなか部屋を出ていこうとしないかもしれません。次の考えが入ってこられるように，そうした考えはドアから出させるようにしましょう。

5分間，練習してみましょう。終わったら，あなたが経験したことについて，いくつか確認してほしいことがあります。1つ目は，あなたの思考は速くなったか，ゆっくりになったか，それとも変わらず同じだったか。2つ目は，それぞれ浮かんできた考えを手放すこと，そして新しい考えのために部屋を空けることがどれくらい難しかったか，簡単だったか。3つ目は，浮かんできた考えは大事なことだったか，大したことではなかったか。そして最後に，このエクササイズによってより心静かな感じになったか，余計に緊張したか，あるいはほとんど変わりなかったか。

多くの人にとって，自分の考えを観察するこの動作だけで，考えがゆっくりになり，自分の考えが大したことではないと感じるようになります。これは，自分の考えに完全にとらわれてしまうことなく，眺めるためです。

さらなる一歩のために

本当は悲しいのに立ち止まらず，何も見ないようにすると，そのときあなたの思考はあなたの行動に対して多くのコントロールが必要になります。自分の考えを観察するには，少しでもゆとりを持つことです。次は，そのためのエクササイズです。

エクササイズ

　「マインドフル・フォーカシング」と呼ばれるエクササイズを紹介します。このエクササイズでは，すぐにあなたの思考を観察しようとはせず，代わりに呼吸を意識することから始めます。冷たい空気があなたの喉を通り，肺に入っていくのを感じてください。そして呼吸をすると横隔膜が張ったり緩んだりするのにも気づくでしょう。呼吸の観察を続けて，体で感じることに気づきましょう。

　呼吸の練習で気づいたように，考えが浮かんできたら，それを観察してください。"あ，考えが出てきた"のように。そして呼吸に注意を戻します。

　マインドフル・フォーカシングは5分くらい練習しましょう。何度か練習を繰り返してください。

18　名前付けをして手放す

知っておきたいこと

　自分の思考を眺めることができるようになったら，今度はその思考に名前をつけてみましょう。

　思考に名前をつけるには，「私は＿＿＿＿＿＿＿＿という考えを持っています」というフレーズを使ってみましょう。たとえば，「私は自分勝手だ，という考えを持っています」や「このお腹の痛みは腫瘍だ，という考えを持っています」のように。名前をつけるという行為だけで，自分の物事の捉え方から距離を置くことができます。そしてそれは大したことではない，本当のことではないと思えるようにもなります。

さらなる一歩のために

　脱フュージョンにおける次の段階は，各々の考えを手放すことです。ここでは，考えを自由にする方法をいくつか紹介します。

・流れに浮かぶ葉っぱ

　各々の考えを秋の落ち葉としてイメージして，その葉が勢いよく風に飛ばされる様子を想像してみてください。葉っぱが水面に落ち，水の流れに巻き込まれ，川のカーブを曲がり，視界から消えます。あなたの心に新しい考えが浮かんできたら，また新しい落ち葉をイメージしてください。

・広告用掲示板

　長い高速道路を車で走行中の自分を想像してください。車線の片側に広告用掲示板が見えます。頭に浮かんでくる考えを，その掲示板に書かれているメッセージだとイメージしてください。その掲示板が視界から消えると，次の新しい考えがまた別の掲示板に現れます。

・風船

　たくさんの赤い風船をつなぐ紐を持ったピエロを想像してください。新しい考えが出てきたら，風船が空に向かって飛んでいきます。また考えが浮かんできたら風船が飛んでいく様をイメージしてください。

- **手放す動作をする**

　ある考えがあなたの頭に浮かんできたら，その考えを手で包みこむようにイメージしてください。そしてその考えをあなたの手から落として消していきます。考えを手放すプロセスを形に表すことで，より自由にするというイメージがリアルに感じられます。

19 距離をとるテクニック

知っておきたいこと

　思考から距離を置くためのエクササイズがあります。思考から離れると，あなたを悲しませたり，怒らせたり，怖がらせたりする力が弱くなります。

エクササイズ

　あなたの心は，あなたを守ろうとしています。危険な可能性を予測し，あなたにとって何が良くて悪いのかを判断し，そしてなぜそのことが起こるのかを明らかにしようとしています。しかし，あなたの心は冷静さを失うこともあります。強迫的に思考に注目してしまい，ただひたすらにあなたを不幸にすることがあります。こうした思考には，感謝しましょう。ネガティブな思考が浮かんでくるたび，「こんな考えをありがとう，私の心」とつぶやいてみましょう。

　その思考に巻き込まれる必要はありません。

　あなたが自分の心に感謝をしている間に，浮かんでくる考えから距離が置けるようになっていることでしょう。

さらなる一歩のために

　脱フュージョンは，あなたの思考と討論したり，口論したりするものではありません。脱フュージョンの実践では，あなたの思考のすべてを受け入れてください。

　ときに，心が脱フュージョンのプロセスに抵抗することがあるでしょう。その時は，次の距離置きのエクササイズを使ってみてください。これは，その考えの成り立ちや機能性について調べるものです。その考えが役に立たないことが明らかになったら，その考えをただ手放しましょう。

....

エクササイズ

　特に不快で苦痛な考えや頻繁に浮かんでくる考えには，次の4段階の距離置きのエクササイズを使ってみてください。

ステップ1　その考えがいつから出てきているか自分に尋ねてみる

　3年前に職を失ったときに始まったのか，子どもの頃にその考えを持っていたかについて，思い出せますか？　いつ始まったのかはっきりしないときは，その考えがどのくらい続いているか考えてみましょう。（5年，10年，20年のように）。

ステップ2　その考えの機能性を検討してみる

　その考えはあなたに何をさせようとしているでしょうか？　たいていのネガティブな思考は，特定の行為や状況を避けることであなたを苦痛から守ろうとしています。ですから，ただ自分自身に尋ねてください。「この考えは何の感情から私を守ろうとしているの？　何をすることを止めさせようとしているの？」と。

ステップ3　その考えの作業性を検討してみる

　その考えは苦痛を避けるのに役立っていますか？　そして，その考えはあなたがしたいことをできるようにするために役立っていますか？　つまり，その思考が役立っているのか，いないのか，を考えてみてください。

ステップ4　その考えを持っていたいかどうかを自分に尋ねてみる

　このように自分に尋ねてみてください。「怖がる考えや，がっかりするような考えで自分の行動をコントロールしようとしていないだろうか？」その考えを持ち続けるかどうかは自分で選ぶことができるのです。

　距離をとるためのエクササイズを用いると，苦痛な考えもあまり重要でないものに見えてくるかもしれません。

20　二次感情を見つけよう

知っておきたいこと

　あなたの最終的な目標は,「不安を取り除くこと」ではありません。「不安をコントロールすること」です。実際に不安を取り除こうとしてもそううまくはいきません。

　このセクションと次に続く4つのセッションでは,不安とうまく付き合えるようになるための,5つの簡単な方法を取りあげます。

エクササイズ

　不安を上手に付き合うための最初のステップは,それが生じている間にそのプロセスをつかまえることです。今日を含めた3日間,不安が生じたら気づくことができるように,ゆとりを持って生活するようにしてください。不安の後に生じてくる感情にも気づくようにしましょう。そうすることで,不安があなたの生活にどう影響しているのかが理解できます。

さらなる一歩のために

　私たちの最初の感情的な反応は"**一次感情**"と言われます。たとえば，明日あなたが宝くじに当たるとしたら，あなたの一次感情はおそらく興奮でしょう。一次感情に加えて，私たちには"**二次感情**"があります。それは起こった出来事を評価した結果として生じてくる感情です。宝くじに当たったという興奮と「驚き」も感じるかもしれません。それが二次感情です。

　二次感情には，ポジティブなものも苦痛なものもあります。

　ですので，自分の感情を認識し，一次と二次の感情の区別をつけ，最初に生じた不安を受け入れましょう。あなたの人生から苦痛な感情のすべてを失くすことはできませんが，自分の感情体験を理解し，コントロールすることはできます。

....

エクササイズ

　最近あった，とても不安になった状況を思い出してください。できるだけ詳細に，その状況をイメージしてみましょう。それから，一次感情と二次感情を分けて考えてみましょう。次にあなたが不安に感じ始めたときの対処法を考えてみてください。

....

21 不安を生み出す行動パターンに取り組む

知っておきたいこと

　不安になりやすい人たちは，余計な不安を生み出してしまうような行動を取ることが多いようです。

　その１つが「回避」です。短期的には不安を減らしてくれることもありますが，根本的な解決にはなりません。恋人と喧嘩をした後，メールをチェックしないようにしませんか？　それも回避です。

　他の例では「確認」があります。恋人との喧嘩の後，メールが気になるようであれば，それを避けず，２分ごとにメールボックスをチェックするかもしれません。これは確認行動です。

エクササイズ

　これから２週間，不安日記をつけてみましょう。不安な気持ちになったときに，あなたが何をしたかを書いておきましょう。週の終わりに，書き出したリストを振り返り，あなたが不安なときにどう振る舞うか，何かパターンがあるのかないのか，考えてみてくださ

い。次のエクササイズでこの日記を使います。

....

さらなる一歩のために

　「回避」「確認」という行動により，実際には短期的に不安が減ります。では，これらの行動のデメリットは何でしょう？

　長期的に見ると，こうした行動は決まって，さらに不安をもたらし，心理的に不快なパターンを強化するように作用します。そのため，何も対処しない方がいいことになります。恋人からメールが来ているかいないか，どれだけ確認や回避をしたところで結果は変わりません。さらに悪いことに，こうした行動はあなたの生活をより狭めてしまう力を持っています。

　不安を生み出す行動を変えるということは，白か黒かという問題ではありません。場合によって回避は良いものです。巨大な猫に食べられるという恐怖に打ち勝つためにトラの檻に入るのは愚かなだけです。コーヒーポットをつけっ放しにしたからといって自宅が火事になるわけではありませんが，暖炉の残り火については確認した方がいいでしょうね。

　感情調整の方法において肝心なことは，心理的な反応に白黒をつけることではなく，ほどほどに調整することなのです。あ

21 不安を生み出す行動パターンに取り組む

なたの生活に不安をもたらすもの，また行動することで余計に不安になってしまうパターンを観察してみましょう。

エクササイズ

　先のエクササイズでつけた日記を振り返ってみましょう。そして，その行動を打破するために別の方法としてどんなことができそうかを考えてみてください。たとえば，あなたが回避や確認に走ってしまう場合，何度か深呼吸をして，それから違う方法をとることもできますね。本書で紹介したマインドフルネス，リラクセーションの方法も役立ちます。あなたが違う方法で振る舞ってみることで，あなたの不安に何が起こるかを観察してみてください。

回避と確認のチェック表

日付	いつもの行動	新しく試す行動	不安はどうなるか？

22 引き金となる考えを特定する

知っておきたいこと

　ここでは，あなた個人の不安の引き金になる考えを掘り下げていきます。こうした考えのことを「引き金思考」といいます（McKay, Rogers, and McKay, 2003）。ある考えが不安を引きだす，という意味です。以下の箇条書きになっている考えのリストは，すべて引き金思考の例です。まず，「人間が環境との関わり方を変えないと，地球温暖化によって私たちが住む地球に壊滅的な出来事が起こる。その十分な証拠がある」という例を用いて考えてみましょう。

　このような考えはあなたを不安にさせますか？　これは誰でも不安になりますね。以下に，あなたの不安を書きこんでください。

- 私は＿＿＿＿＿＿＿＿＿＿＿＿＿＿＿＿＿＿で失敗しそうだ。
- 私は＿＿＿＿＿＿＿＿＿＿＿できない，不安になりそうだ。
- 私の人生には，やるべきことがたくさんありすぎる，まったく太刀打ちできない。
- 明日，飛行機に乗ったら爆発するかもしれない。

- もし，＿＿＿＿＿＿＿＿＿＿＿＿だとしたらどうなるだろうか？ そんなの耐えられない。

....

エクササイズ

1週間，あなたが不安になり始めたときに，その不安の引き金となっている考えを突きとめ，その考えを書きとめておきましょう。同じ考えが何度も浮かんできますか？ あなたの引き金思考を探してみましょう。

さらに一歩進んで，マインドフルになって座り，自分の考えを観察してみましょう。

....

さらなる一歩のために

私たちが「何を考えるか」と「どう感じるか」，これらには明らかに関係があります。それは，その人によって違います。

苦悩に上手に対処し，感情を上手に調整するための1つの方法は，あなたの引き金思考を特定することです。次のエクササイズでは，先のエクササイズで書き出したリストを発展させます。

エクササイズ

1週間，あなたが不安に感じたときをメモしてください。しかし今回は，引き金思考を書き出すだけでなく，それに関連する行動も書き出しましょう。自分の引き金思考や，それに対して自分が取る行動を特定してみてください。特定できたら，その行動を変えてみましょう。

23 ポジティブな感情にも場所を与える

知っておきたいこと

　自分に時間を作って楽しんだり，ポジティブな感情になるための機会を自分に与えていますか？　それとも，今を楽しむのではなく次に来る「～しなければいけない」,「～すべきだ」といった行為で頭がいっぱいになっていませんか？　もしそうなら，あなたの生活にはさらなる不安がもたらされてしまいます。

エクササイズ

　不安な人は不安を生み出す行動パターンにはまりがちです。自分の生活を振り返ってみてください。あなたは自分に安らぐ時間を与えていますか？　これから数日の間，あなたの毎日のスケジュールの中に自分の楽しみのための時間を作ってみてください。

さらなる一歩のために

　もしあなたが自分の生活で苦悩を減らしたいのであれば，毎日，あなたが楽しめるほんのささやかなことをしてください。以下は，取り組めそうなリストです。

- ハイキングに行く。
- 友だちと電話で会話する。
- 深呼吸をする。
- 楽しい音楽を聴く。
- お気に入りのレストランで友人と食事する。
- おもしろい本を読む。
- ガーデニングをする。
- ヨガに挑戦する。
- 床に座って子どもたちと遊ぶ（すべき家事は横に置いておいて）。
- チョコレートを食べる。

24　気晴らしをする，自分をなだめる

知っておきたいこと

　パニック発作の最中や，かなり深刻な不安に対処しているとき，自分の思考や行動を評価したり，あなたに喜びをもたらす活動は何か？　と考えている余裕はないでしょう。この場合，「緊急介入」をするのがいいかもしれません。ここでは「気晴らし」と「自分をなだめること」の2つに注目します。

エクササイズ

　気晴らしや自分をなだめる方法を使う前に，これらの方法がこれまでに紹介した回避やその他の不安を生み出す行動パターンとどのように異なるかを理解することが重要です。回避では，たとえば，困難な状況に対処「しない」ことを選ぶ姿勢を取ります。しかし，あなたが不安に圧倒されたときに気晴らしや自分をなだめる方法を使うと，これから先の状況に対処するための準備状態を作ることができます。先に進める前に，心を静め，心を静めるための「気晴らし」や「自分をなだめる方法」を考えてみてください。

さらなる一歩のために

これらの方法はあなた自身を思いやることにもつながります。

不安な気持ちが出てきたら，以下の方法で気晴らしや自分をなだめてみてください。

- 暗く，静かな部屋に座り，お香をたいてみましょう。
- 心を落ち着かせるような，視覚的なイメージを思い浮かべましょう（海や森など）。
- 体を動かしてみましょう。
- 近所をぶらぶら歩いてみましょう。
- お風呂に香りのする塩やオイルを入れて長くつかってみましょう。
- お気に入りのウェブサイトを見てみましょう。
- 花を摘んで，花瓶にいけてみましょう。

紹介したささやかな行動はすべてあなたのためです。自分を思いやってください。自分に思いやりを持って，あなたが恐れるものに向き合うようにしてください。思いやりを持って，苦悩に立ち向かってください。そうすることで，自分に対する思いやりがあなたの人生に溶け込んでいくことでしょう。

パート4

基本的な健康習慣

ここ数週間，ソファーから離れない……昨晩は3時間しか眠れなかった……朝食はスナック菓子だけ……。あなたの生活習慣が不安を和らげたり悪化させたりすることに関係すると思いますか？

　不安な考えが生まれるのは，脳だけが問題なのではなく，あなたの体やそれ以外のことにも関連しています。

　パート4では，不安と上手に付き合っていくために，休息を取ったり，必要なだけ眠ったり，よく食べ，体を動かすなどの基本となるところを見ていきましょう。

25　よい睡眠について

知っておきたいこと

　眠れない夜を過ごすと，翌朝どうなってしまうかはおわかりでしょう。コーヒーカップを落としてしまう，トーストにぬるジャムとバターを取り違える，といったように。あなたにとってベストな状態を作り出すためには，質の良い睡眠をとる必要があります。

　もし，ここ最近で眠りの調子が悪かったら，以下のことを試してみてください。

- **カフェインを減らす，またはまったく摂らない。**
  カフェインは人にいろいろな影響をもたらします。あなたがカフェインの影響をとても受けやすいのであれば，朝に飲むたった1杯のコーヒーでもその夜の睡眠を阻害するかもしれません。カフェインの入った飲み物を制限してみましょう。
- **十分な運動をする。**
  1日のうちのどこかで行う定期的な運動は，眠りによい効果を与えます。

さらなる一歩のために

　カフェイン摂取を調整し，定期的な運動（あるいは運動不足）について見直したら，次はよい睡眠についての基礎を学びましょう。

- あなたにとって心地よいマットレス，枕を選びましょう。ここでは試行錯誤が大事になります。
- 毎晩，同じ時間に寝ましょう。
- 寝室をできるだけ暗くし，適温を保つようにしましょう（暑すぎず寒すぎず）。
- 寝室は寝るところにしましょう（仕事をする場所にしたりTVを見る場所や書斎にしないようにしましょう）。

26 不眠とその解決法

知っておきたいこと

　数ある生活習慣の中で，不眠は不安の気持ちをより悪化させる可能性が大きいものです。ばらつきがあるものの，私たちのほとんどが一晩に7時間から8時間の睡眠を必要としています。あなたの体の組織を修復する深い眠りは，睡眠時間の早い時期で起こります。夢を見やすくなるレム睡眠は睡眠サイクルの後の方で生じます。このような睡眠サイクルが妨げられると，あなたの体が苦痛を感じることになります。

- 眠りに関する不安

　十分な睡眠を取らないと，そのことがあなたをますます不安にさせます。あなたは，十分に眠れていないことをさらに心配する，といったように。眠りにつこうとして30分も経つのに眠れないとわかったら，そこでただ横になっているのではなく，他のことをしてみるといいかもしれません。しばらく経った後，再度眠りについてみてください。

- 夜の感情的，身体的な興奮

  遅い晩にあなたをイライラさせるものは，確実にその晩のあなたの眠りを妨げます。寝る前の数時間は必ず静かな活動に切り替えることを忘れないでください。たとえば，読書（特にノンフィクションのもの）やお風呂，瞑想したりすることなどが挙げられます。

- 明かり

  最近の研究では，ある色の光に当てられていることで睡眠の乱れが引き起こされることがわかっています。特に，ブルーライト（青色光）が最も悪いもので，コンピュータのスクリーンやスマートフォンはブルーライトを放出するものです。暗い場所でスクリーンを見ることはおすすめしません。

- 日課

  よく休めたという感じは，定期的なよい睡眠をとる日課に依存します。体には睡眠覚醒リズムがあり，一日のうち約 16 時間から 17 時間は起きて，7 〜 8 時間は寝るのが理想的です。このリズムはよりよい眠りが保証されるとスムーズに機能します。不眠で苦しむ人たちは不定期に寝たり起きたりしていることが多いです。

- **不快な睡眠環境**

  睡眠環境もあなたの眠りを左右します。柔らかすぎる，あるいは固すぎるマットレスはよくある問題です。あなたにとって本当に心地よいマットレスを探しましょう。枕にも同じことがいえます。部屋の温度も重要な要因です。眠りに最適の温度は20度くらいです。音や明かりにも気を配りましょう。

- **騒がしいパートナー**

  一緒に寝る人というのは，あなたの睡眠環境にとって重要な一部です。大きないびきは睡眠を妨げるものです。その側で横になっていたり，我慢していたりする人のほとんどが影響を受けます。いびきを解決する方法はたくさんありますから，いびきの治療を専門とする耳鼻咽喉科へ相談にいきましょう。

さらなる一歩のために

あわせて，以下のことにも注意してください。

- 就寝前に胃もたれする食事を摂らない，でも空腹で寝ないこと

- 就寝前に大量のアルコール摂取で深酒をしないこと

- タバコを吸わないこと

  ニコチンは弱刺激剤で睡眠を妨げます。

- 寝室では余計な作業をしないこと

  寝室で仕事をしたり読書をしたりすることは避けましょう。

- 日中，昼寝をしないこと

  15分から20分程度の短い仮眠は問題ありませんが，1時間以上の仮眠はあなたの睡眠を妨げる可能性があります。

- 不眠を恐れないこと

  眠れない夜もあるのだと，受け入れましょう。たった2,3時間しか寝なかったとしても，翌日の活動は可能です。眠れないことを恐れないようにしましょう。

27 食生活

知っておきたいこと

　すでにお話ししたように，カフェインは眠りを妨げ，不安も悪化させることがわかっています。もしあなたが不安と闘っているのであれば，まずはコーヒー，お茶，コーラ，その他のカフェイン飲料やチョコレートの摂取を減らしてみましょう。

　砂糖は感情調整の困難を引き起こす原因です。血液中の糖分の頻繁な上昇と下降は不安に寄与します。

エクササイズ

　1週間の食事日記をつけましょう。しかし，ただの食事日記ではありません。食事のとき，そして間食のときにあなたがどう感じているかを書き加えてください。カフェイン，砂糖，たんぱく質，そして脂肪消費量があなたの不安に与える影響を書き出してください。あなたに安定をもたらす食事パターンや食べ物はあるでしょうか？食べ過ぎ，食事を抜くこと，あるいは気晴らし食いや過度のストレス下での食事によってあなたの気分はどのような影響を受けているでしょうか？

27　食生活

さらなる一歩のために

　自分に合った食事パターンや食べ物を見つけることは，不安の気持ちを調節するのに重要なステップとなります。

28 運動

知っておきたいこと

　不安を減らすシンプルな方法は，定期的に有酸素運動をすることです。運動はどのように不安を減らすのでしょうか？　定期的に続ける運動は筋緊張を減らし，フラストレーションを解放して血中や脳に酸素を増やし，消化や血液循環を改善させて血圧を下げ，排泄を改善します。

さらなる一歩のために

　始めるにあたり，以下を参考にしてみてください。

- 徐々に運動に近づけること
  制限付きの目標を設定しましょう。たとえば最初の週は毎日10分間だけ（または息切れを起こすまで）運動する，といったように目標を設定します。30分に達するまで，運動の時間を追加していきましょう。
- お試し期間を作る
  1カ月間，自分のプログラムを続けることを守りましょう。体のうずきや痛みがあっても，やる気がでなくても，です。自分

の身体の変化を味わってください。変化を知るためには，，3〜4カ月あるいはそれ以上かかります。

- 運動を記録する

  「運動記録票」を作りましょう。日付，時間，期間，そしてあなたが日々取り組んでいる運動の種類を記録します。もし有酸素運動をしたのであれば，運動を終えた後すぐに自分の脈を記録してください。あなたの満足度も忘れずに評価するようにしましょう。評価は0から10の数字を使って行います。0はまったく満足しなかった，10は運動に大満足したことを意味します。

- ウォームアップをする

  活発な運動をする前に，身体には段階的なウォームアップが必要です。あなたが40歳以上である場合には特に大事になります。始める前に5分間のストレッチをしましょう。

- 運動の成果よりもそのプロセスに注目する

  運動そのもの楽しむ側面に注意を向けましょう。走ること，自転車に乗ることが好きなのであれば，風景を楽しみましょう。

- 運動プログラムを続ける自分を褒める

  プログラムを続ける自分に，外食でディナー，週末の旅行，あるいは競技用の新しい服や道具などのご褒美を与えましょう。

- クールダウンする

  活発に運動した後は，2〜3分間のクールダウンの時間をとり

ましょう。
- 食事してから90分以内は運動しない，運動後は1時間経つまで食事をしない
- 調子が悪いときやストレスが強いときには運動を避ける
  代わりに深くリラックスする方法に取り組みましょう。
- 急な，または予期せぬ身体症状が出た場合には運動を中止する
- 楽しく運動を続ける
  独りで運動するのに飽きてきたら，パートナーを見つけてみましょう。
- 週に1回以上は運動すること

資料・文献

　本書で紹介した心理療法の内容をさらに学んでみたいという方のために，文献をご紹介します。

不安に関する一般的な情報

Bourne, Edmund J. 2011. *The Anxiety and Phobia Workbook*. Oakland, CA：New Harbinger.

認知行動療法

Davis, Martha, Fanning, Patrick, and McKay, Matthew. 2007. *Thoughts and Feelings*. Oakland, CA：New Harbinger Publication.

リラクセーションとストレス低減法

Davis, Martha, McKay, Matthew, Fanning, Patrick, and Eshelman, Elizabeth. 2008. *The Relaxation and Stress Reduction Workbook*. Oakland, CA：New Harbinger Publications.

特定の恐怖症のために

Antony, Martin A., and Watling, Mark. 2006. *Overcoming Medical Phobias*. Oakland, CA：New Harbinger Publications.

Antony, Martin A., and McCabe, Randi. 2005. *Overcoming Animal and Insect Phobias*. Oakland, CA：New Harbinger Publications.

Antony, Martin A., and Rowa, Karen. 2007. *Overcoming Fear of Heights*. Oakland, CA：New Harbinger Publications.

Antony, Martin A., and Owens, Katharine M. B. 2011. *Overcoming Health Anxiety*. Oakland, CA：New Harbinger Publications.

強迫性障害のために

Munford, Paul. 2004. *Overcoming Compulsive Hoarding*. Oakland, CA：New Harbinger Publications.

Munford, Paul. 2004. *Overcoming Compulsive Checking*. Oakland, CA：New Harbinger Publications.

Purdon, Christine, and Clark, David A. 2005. *Overcoming Compulsive Thoughts*. Oakland, CA：New Harbinger Publications.

Munford, Paul. 2005. *Overcoming Compulsive Washing*. Oakland, CA：New Harbinger Publications.

Hyman, Bruce, and DuFrene, Troy. 2008. *Coping With OCD*. Oakland, CA：New Harbinger Publications.

Hyman, Bruce, and Pedrick, Cherry. 2010. *The OCD Workbook*. Oakland, CA：New Harbinger Publications.

マインドフルネスの練習を始める，深める

Brantley, Jeffrey, and Millstine, Wendy. 2007. *Calming Your Anxious Mind*. Oakland, CA：New Harbinger Publications.

アクセプタンス＆コミットメントセラピー

Hayes, Steven C., and Smith, Spencer. 2005. *Get Out of Your Mind and Into Your Life*. Oakland, CA：New Harbinger Publications.（ヘイズ S.C. & スミス S. 武藤崇・原井宏明・吉岡昌子・岡嶋美代（訳）(2010)．ACT（アクセプタンス＆コミットメント・セラピー）をはじめるセルフヘルプのためのワークブック　星和書店）

LeJeune, Chad. 2007. *The Worry Trap*. Oakland, CA：New Harbinger Publications.

Eifert, Georg H., and Forsyth, John P. 2008. *The Mindfulness and Acceptance Workbook for Anxiety*. Oakland, CA：New Harbinger Publications.

Wilson, Kelly G., and DuFrene, Troy. 2010. *Things Might Go Terribly, Horribly Wrong*. Oakland, CA：New Harbinger Publications.

弁証法的行動療法

McKay, Matthew, Wood, Jeffrey C., and Brantley, Jeffrey. 2007. *The Dialectical Behavior Therapy Skills Workbook*. Oakland, CA：New Harbinger Publications.

Spradlin, Scott. 2003. *Don't Let Your Emotions Run Your Life*. Oakland, CA：New Harbinger Publications.

[文献]

American Psychiatric Association. 2000. *Diagnostic and Statistical Manual of Mental Disorders.* 4th ed., textrevision. Washington, DC: Author.

Benson, H. 1975. *The Relaxation Response.* New York: Morrow.

Craske, M. G., and D. H. Barlow. 2008. "Panic Disorder and Agoraphobia." In *Clinical Handbook of Psychological Disorders: A Step-by-Step Treatment Manual,* edited by D. H. Barlow. New York: Guilford Press.

D'Zurilla T. J., and M. R. Goldfried. 1971 "Problem Solving and Behavior Modification." *Journal of Abnormal Psychology* 78(1): 107-126.

Hayes, S. C., K. D. Strosahl, and K. G. Wilson. 1999. *Acceptance and Commitment Therapy: An Experiental Approach to Behavior Change.* New York: Guilford Press.

Jacobson, E. 1929. *Progressive Relaxation.* Chicago: University of Chicago Press.

Kabat-Zinn, J. 1994. *Wherever You Go, There You Are: Mindfulness Meditation in Everyday Life.* New York: Hyperion.

Kessler, R. C., K. A. McGonagle, S. Zhao, C. B. Nelson, M. Hughes, S. Eshleman, et al. 1994. "Lifetime and 12-Month Prevalence of DSM-Ⅲ-R Psychiaric Disorders in the United States. Results from the National Comorbidity Survey." *Archives of General Psychiatry* 51(1): 8-19.

Landolt, H., E. Werth, A. Borbély, and D. Dijk, D. 1995 "Caffeine Intake (200 mg) in the Morning Affects Human Sleep and EEG Power Spectra at Night." *Brain Research* 675(1-2): 67-74

Marra. 2005. *Dialectical Behavior Therapy in Private Practice*. Oakland, C A: New Harbinger.

Masi, N. 1993. *Breath of Life: Breathing Retrainig*. Plantation, FL: Resource Warehouse.

McKay M., P. Rogers, and, J. McKay. 2003. *When Anger Hurts: Quieting the Storm Within*. 2nd ed. Oakland, CA: New Harbinger.

Osborn, A. F. 1963. *Applied Imagination: Prmciples and Procedures of Creative Problem Solving*. 3rd ed. New York: Scribner.

Revell, V. L., and D. J. Skene. 2007. "Light-Induced Melatonin Suppression in Humans with Polychromatic and Monochromatic Light." *Chronobiology International* 24 (6): 1125-1137

Titchener, E. B. 1916. *A Text-Book of Psychology*. New York Macmillan.

訳者あとがき

　本書は，私たちの生活にありふれた感情の1つ，「不安」の簡易的な取り扱い説明書のようなものです。今の世の中は，怒りにばかり目が向いてしまいがちですが，不安もコントロールが可能です。不安の本当の意味を知ることで，不安に圧倒されることなく，日々の生活を送ることができることを，本書は教えてくれています。

　基本的に，本書は心理学的な知識を持つ・持たないに関わらず，広い層の読者の方々でも十分に理解が可能な内容であると考えています。本書のタイトルにある「30分」の意味するところは，本書を30分で読み切ることではなく，自分が気になるトピック（章）を1つ，もしくは2つ選び，1日30分の時間を使って考える時間を設けましょう，ということだと訳者は理解しています。

　最後に，翻訳本の発刊にあたり，翻訳の企画から数年が経過してしまったにも関わらず，辛抱強くお待ちくださった，そして編集，校正にご尽力くださった金剛出版の中村奈々様をはじめ，出版社の皆様に心より感謝申し上げます。

　平成29年3月

樫村正美・堀越 勝

[訳者略歴]
堀越　勝（ほりこし　まさる）
1995年　米バイオラ大学大学院　博士（心理学）
1997年　米ハーバード大学医学部精神科上席研究員
2002年　筑波大学大学院人間総合科学研究科専任講師
2008年　駿河台大学大学院心理学研究科　教授
2010年　国立精神・神経医療研究センター認知行動療法センター　研修指導部長
2015年　国立精神・神経医療研究センター認知行動療法センター　センター長
現在に至る

著訳書
堀越勝（2015）感情の「みかた」〜つらい感情も，あなたの「味方」になります．いきいき．
堀越勝（2015）ケアする人の対話スキルABCD．日本看護協会出版社．
堀越勝・伊藤正哉（2014）不安とうつの統一プロトコル．不安とうつの統一プロトコル．診断と治療社．
伊藤正哉・樫村正美・堀越勝（2012）こころを癒すノート．創元社．
堀越勝・野村俊明（2012）精神療法の基本：支持から認知行動療法まで．医学書院．
デビット・H・バーロー著／伊藤正哉・堀越勝訳（2012）不安とうつの統一プロトコル—診断を越えた認知行動療法セラピストガイド．診断と治療社．
デビット・H・バーロー著／伊藤正哉・堀越勝訳（2012）不安とうつの統一プロトコル—診断を越えた認知行動療法ワークブック．診断と治療社．
デビット・H・バーロー講演／伊藤正哉・堀越勝監修・執筆（2014）不安とうつの統一プロトコル—バーロウ教授によるクリニカルデモンストレーション．診断と治療社．
他多数

樫村正美（かしむら　まさみ）
2008年　筑波大学大学院人間総合科学研究科博士課程単位取得退学
2008年　筑波大学人間系　助教
2010年　博士（心理学）
2012年　筑波大学医学医療系　助教
2013年　日本医科大学医療心理学教室　講師
現在に至る

著訳書
伊藤正哉・樫村正美・堀越勝（2012）こころを癒すノート．創元社．
クリスティーン・ネフ著／石村郁夫・樫村正美訳（2014）セルフ・コンパッション—あるがままの自分を受け入れる．金剛出版

[著者紹介]

Matthew McKay, PhD
カリフォルニア州バークレーにあるライト研究所,教授。数多くの単著,共著がある。「リラクセーションとストレス低減のためのワークブック」,「自尊感情」,「思考と感情」,「心と感情」など。個人開業。不安,怒り,抑うつの認知行動的治療を専門としている。

Troy DuFrene
サンフランシスコの湾岸地帯に住居と職場を持つライター。

30分でできる不安のセルフコントロール

2017年4月30日　発行
2023年9月10日　2刷

著　者　マシュー・マッケイ
　　　　トロイ・デュフレーヌ
訳　者　堀越　勝・樫村正美
発行者　立石　正信

印刷・製本　音羽印刷
装　丁　臼井新太郎
装　画　山口みれい

発行所　株式会社 金剛出版
　　　　〒112-0005　東京都文京区水道1-5-16
　　　　電話 03-3815-6661

ISBN 978-4-7724-1546-0 C3011　　　Printed in Japan©2017

30分でできる
怒りのセルフコントロール

［著］＝ロナルド・T・ポッターエフロン　パトリシア・S・ポッターエフロン
［訳］＝堀越 勝　樫村正美

A5判　並製　135頁　定価1,980円

あなたの怒りの問題を見つけ，現実的なゴールを設定し，
その目標に向かい
自分の怒りを30分で学ぶ。

アンガーマネジメント
11の方法
怒りを上手に解消しよう

［著］＝ロナルド・T・ポッターエフロン　パトリシア・S・ポッターエフロン
［監訳］＝藤野京子

B5判　並製　200頁　定価3,740円

怒りは誰にでもある。問題はその感情の処理である。
本書では怒りを11種類に分け
それぞれの怒りについて理解を深めていく。

パフォーマンスがわかる
12の理論
「クリエイティヴに生きるための心理学」入門！

［編］＝鹿毛雅治

四六判　並製　408頁　定価3,520円

「コストパフォーマンス」や「最高のパフォーマンス」など，
さまざまに使われている「パフォーマンス」を
12の心理学セオリーで徹底解剖！
好評既刊『モティベーションをまなぶ12の理論』の続篇！

価格は10％税込です。